D1520525

Lerner SPORTS
EN ESPAÑOL

SPORTS

VIPs
EN ESPAÑOL

QUIÉN ES
LIONEL MESSI

DAVID STABLER

ediciones Lerner ◆ Mineápolis

LA EMOCIÓN DEL DEPORTE SE ENCUENTRA CON LA HABILIDAD DE LA INVESTIGACIÓN

Lerner SPORTS EN ESPAÑOL

Prueba gratuita de base de datos: lernersports.com

ediciones Lerner
Una división de Lerner Publishing Group, Inc.
241 First Avenue North
Mineápolis, MN 55401, EE. UU.

Si desea averiguar acerca de niveles de lectura y para obtener más información, favor consultar este título en www.lernerbooks.com.

Fuente del texto del cuerpo principal: Aptifer Slab LT Pro.
Fuente proporcionada por Linotype AG.

Library of Congress Cataloging-in-Publication Data

Names: Stabler, David, author.
Title: Quién es Lionel Messi : superestrella de la Copa Mundial de fútbol / David Stabler.
Other titles: Meet Lionel Messi. Spanish
Description: Mineápolis : ediciones Lerner, 2023. | Series: Lerner sports en español. Personalidades del deporte | Includes bibliographical references and index. | Audience: Ages 7–11 | Audience: Grades 4–6 | Summary: "Soccer forward Lionel Messi of Paris Saint-Germain is known for his skillful goal-scoring and his collection of awards. Readers will dive into Messi's impressive career and life. Now in Spanish!"—Provided by publisher.
Identifiers: LCCN 2023000535 (print) | LCCN 2023000536 (ebook) | ISBN 9781728491943 (library binding) | ISBN 9798765607657 (paperback) | ISBN 9781728494517 (epub)
Subjects: LCSH: Messi, Lionel, 1987-—Juvenile literature. | Soccer players—Argentina—Biography—Juvenile literature. | Futbol Club Barcelona—History—Juvenile literature. | Paris-Saint-Germain-Football-Club—History—Juvenile literature.
Classification: LCC GV942.7.M398 S7318 2022 (print) | LCC GV942.7.M398 (ebook) | DDC 796.334092 [B]—dc23/eng/20230112

LC record available at https://lccn.loc.gov/2023000535
LC ebook record available at https://lccn.loc.gov/2023000536

Fabricado en los Estados Unidos de América
1-53133-51143-1/12/2023

CONTENIDO

SUPERGOLEADOR

El 9 de septiembre de 2021, la estrella del fútbol Lionel Messi hizo historia en Buenos Aires, Argentina. Faltando solo dos minutos para que termine el partido entre Argentina y Bolivia, Messi tomó un rebote de un pase perdido de un compañero de equipo y disparó la pelota contra el arco. El resultado de Argentina fue su tercer gol en el partido. El hat trick lo posicionó por delante del legendario Pelé como el mayor goleador internacional de Sudamérica.

La multitud enloqueció. Todos cantaban: "¡Messi, Messi, Messi!" Los aficionados tenían mucho por qué alentar. A principios de ese verano, Argentina ganó la Copa América, el campeonato más importante obtenido en 28 años. Después del partido, Messi bailó alrededor del estadio y les mostró

DATOS RÁPIDOS

FECHA DE NACIMIENTO: 24 de junio de 1987
POSICIÓN: delantero
LIGA: Ligue 1

MOMENTOS PROFESIONALES DESTACADOS: es líder entre los jugadores sudamericanos con más goles internacionales anotados, ganó siete Balones de Oro, ganó 10 títulos de La Liga

MOMENTOS PERSONALES DESTACADOS: creció en Rosario, Argentina, tiene tres hijos, es fundador de su propia organización de caridad, la Fundación Leo Messi

el trofeo a los 21 000 aficionados. "Realmente lo quería disfrutar," expresó. "Esperé mucho este momento y fui a buscarlo; lo había soñado".

Messi gambeteando el balón durante la final de la Copa América en 2021

Messi (*centro*) sostiene el trofeo de la Copa América y celebra con el equipo argentino.

En las gradas, la madre y los hermanos de Messi lideraban el festejo. Había recorrido un largo camino desde que comenzó a jugar al fútbol en su ciudad natal. Se paró frente a un estadio repleto en Buenos Aires como uno de los mejores goleadores en la historia del fútbol.

GRANDES SUEÑOS

Lionel (Leo) Messi nació el 24 de junio de 1987 en Rosario, Argentina. Tiene dos hermanos mayores, Rodrigo y Matías, y una hermana menor, María Sol.

Argentina es un país amante del fútbol. Los niños aprenden a jugar al fútbol cuando empiezan a caminar. Leo no fue la excepción. Tuvo su primer balón de fútbol cuando tenía cerca de 3 años. Era blanco con rombos rojos, como los que usaban los profesionales. Leo llevaba su balón con él adonde fuera.

Messi (*centro*) con su familia en Argentina en el año 2003

Se convirtió rápidamente en el mejor jugador infantil de Rosario. Todo el barrio se paraba para verlo jugar. Todavía era nuevo en el juego, pero la gente quedaba asombrada cuando veía lo que podía hacer.

Messi jugó en un equipo de fútbol juvenil como este.

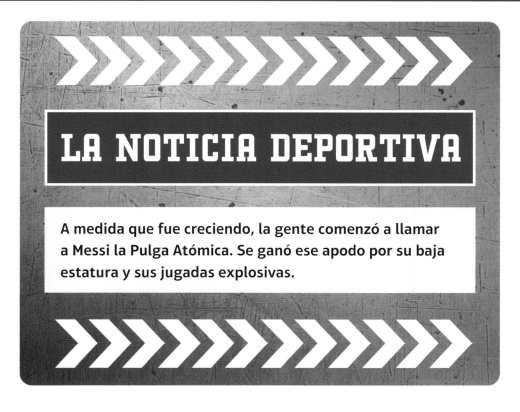

LA NOTICIA DEPORTIVA

A medida que fue creciendo, la gente comenzó a llamar a Messi la Pulga Atómica. Se ganó ese apodo por su baja estatura y sus jugadas explosivas.

Leo se unió a un equipo local de fútbol para niños y sobresalió. Pero sus padres estaban preocupados por su estatura. Mientras el resto de los niños de la ciudad crecía año tras año, Leo seguía teniendo la misma altura. "Siempre fui el más bajo, en la escuela y en mis equipos," señaló. Pero sin importar lo pequeño que era, nadie podía quitarle el balón en la cancha.

A los 11 años sus padres lo llevaron a ver a un médico. Allí descubrieron que tenía un trastorno hormonal que le impedía crecer. Leo comenzó a realizar tratamientos para intentar revertir el trastorno.

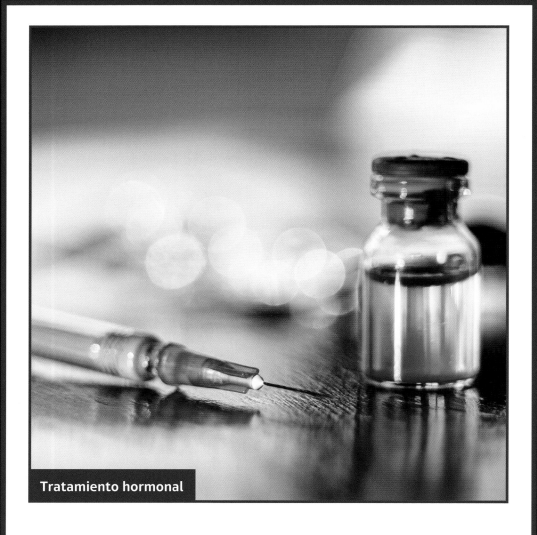

Tratamiento hormonal

Los tratamientos dieron resultado y Leo creció. Pero sus padres tenían problemas para pagarlos. El club de fútbol de Leo acordó pagar sus gastos médicos, pero no podían pagarlos todos. Leo tuvo que elegir: encontrar la forma de pagar los tratamientos o abandonarlos y esperar seguir creciendo.

Messi acomoda el cuerpo para patear el balón.

CAPÍTULO 2

ESPAÑA, ALLÍ VAMOS

Algunos reclutadores del Fútbol Club (FC) Barcelona en España escucharon acerca de Leo y deseaban verlo jugar. Si Leo podía unirse al equipo, le pagarían su tratamiento hormonal.

Se dice que Leo pidió prestada una cámara de video y se filmó haciendo jueguitos con naranjas y pelotas de ping-pong con los pies. Los directivos del FC Barcelona vieron el video. Los entrenadores se sorprendieron tanto con las habilidades de Leo que le ofrecieron una prueba.

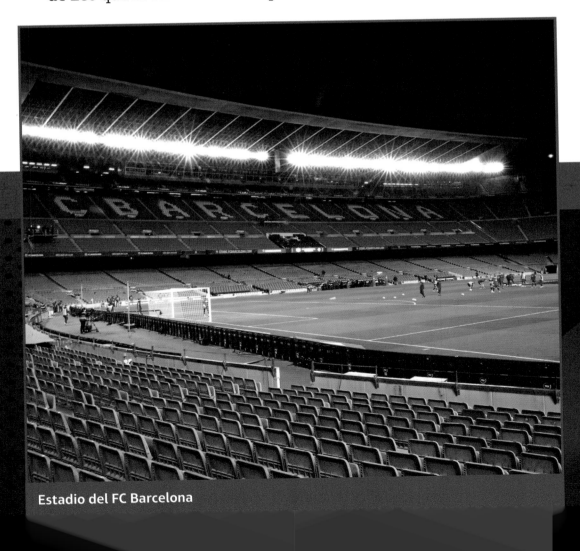

Estadio del FC Barcelona

Leo y su padre volaron de Rosario a Barcelona. Era la primera vez que Leo subía a un avión. Cuando llegaron, el equipo de Barcelona se sorprendió al ver que medía menos de 5 pies (1,5 m) de altura.

Leo dejó que su juego hable por él. En su primera práctica con FC Barcelona, les demostró su velocidad. Le robó la pelota al mejor jugador ofensivo del equipo. Después, derrotó al mejor defensor en una jugada individual. Hizo cinco goles.

Barcelona, España

¡Leo firmó su primer contrato en una servilleta de papel! El director deportivo de FC Barcelona, Carles Rexach, estaba tan impresionado por las habilidades futbolísticas de Leo que quería agregarlo al equipo lo antes posible. Al no tener otro papel disponible, Leo y su papá firmaron en una servilleta.

En FC Barcelona estaban impresionados. Le ofrecieron pagarle el tratamiento y la mudanza con su familia a España. Leo se unió al Barcelona en el equipo sub 14 y se enfrentó a algunos de los mejores jugadores de fútbol juveniles del mundo. A veces sus adversarios intentaban molestarlo por su altura. Pero él no se rendía. Tenía solo 13 años, pero pronto se convertiría en la estrella del equipo.

CAPÍTULO 3

NACE UNA ESTRELLA

Mudarse lejos de casa puede ser difícil. Leo tuvo que adaptarse a vivir en un país nuevo. Pero la mayoría de sus compañeros en Barcelona también eran inmigrantes. "Somos todos de algún otro lugar, y nos ayudamos unos a los otros," contaba Leo.

En su tiempo libre, a Leo le gustaba salir con sus amigos nuevos. También pasaba mucho tiempo en su casa practicando fútbol. Practicaba cómo correr rápido hacia atrás. Corría para ambos lados en ángulos pocos comunes para mejorar su rapidez en la cancha. Y utilizaba equipos de entrenamiento para fortalecer sus piernas. Leo se hizo más fuerte y pudo estar al nivel de los jugadores más grandes.

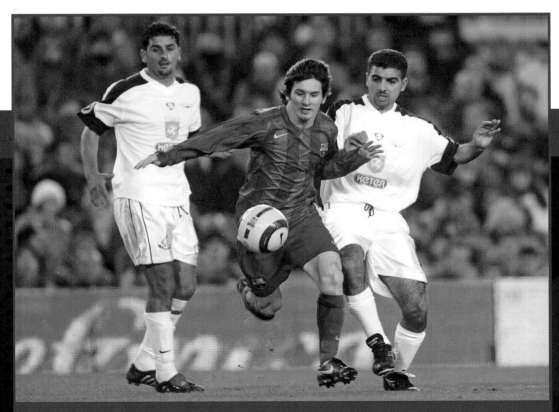

Messi corre a controlar la pelota durante un partido en 2005.

Su alimentación también era otra parte importante del plan de entrenamiento de Leo. Leo evitaba los alimentos con mucha azúcar y comía mucha fruta y verdura; así aumentó su energía. A lo largo de los años, también redujo su consumo de carne. Y siempre tomó mucha agua.

Con el impulso de su rutina de entrenamiento, Leo avanzó por las categorías inferiores y logró llegar a la cima del equipo de Barcelona a los 16 años. En 2005, a los 17 años, Messi se convirtió en el jugador más joven en hacer un gol para el equipo. En 2009, ganó su primer Ballon d'Or o Balón de Oro de

LA NOTICIA DEPORTIVA

Los aficionados muchas veces comparan a Messi con Cristiano Ronaldo. Pero el héroe de Messi es la estrella argentina Diego Maradona. En los comienzos de la carrera de Messi, Maradona le aconsejó que siempre disfrute el fútbol y que se cuide para poder mejorar.

la FIFA por ser el mejor jugador de fútbol masculino. Ganó el premio en cada una de las siguientes tres temporadas y siete veces en total.

En 2012, Messi batió el récord de la mayor cantidad de goles hechos en un año. Además llevó al Barcelona a ganar 10 títulos de La Liga, estableciendo un nuevo récord para un jugador.

Messi (*centro*) y sus compañeros de FC Barcelona celebran su primer gol.

Fuera de la cancha, también hizo grandes jugadas. En 2007, fundó la Fundación Leo Messi, una organización de caridad dedicada a mejorar la vida de los niños. Y en 2012, junto a su novia, Antonella Roccuzzo, tuvieron a su primer hijo, Thiago. Otro niño, Mateo, llegó en 2015. Messi y Antonella se casaron en 2017. Luego, tuvieron a su tercer hijo, Ciro, en 2018.

Messi con sus hijos Thiago (*izquierda*) y Mateo (*derecha*)

Messi (*derecha*) evita que Ronaldo robe el balón.

Cuando nació Ciro, Messi estaba ganando más de $50 millones por año jugando al fútbol. Era el segundo deportista mejor pago del mundo. El primero era la también superestrella del fútbol Cristiano Ronaldo, un jugador portugués muy fuerte que ha desafiado varios de los récords de goles de Messi. Pero tuvieron una competencia amistosa, que ayudó a que el fútbol gane más popularidad en el mundo.

CAPÍTULO 4

¿EL MEJOR DE LA HISTORIA?

El último objetivo de Messi es ganar la Copa Mundial. Casi gana una copa Mundial en 2014 cuando lideraba a Argentina en la final contra Alemania. Pero el equipo alemán ganó 1 a 0. Después de perder otra copa Mundial en 2018, Messi se concentró en la Copa Mundial de 2022. Pero no solo quiere ganarla por sí mismo. Puede ser la última posibilidad que tenga de hacerle ganar el título a Argentina. "Daría todos mis récords a cambio de hacer feliz a la gente de mi país," afirmó.

Aunque no ha ganado aún una Copa Mundial, Messi logró el éxito en 2020. Ese año se convirtió en el segundo jugador de fútbol que ganó más de mil millones en su carrera.

Messi se asegura la pelota durante un partido.

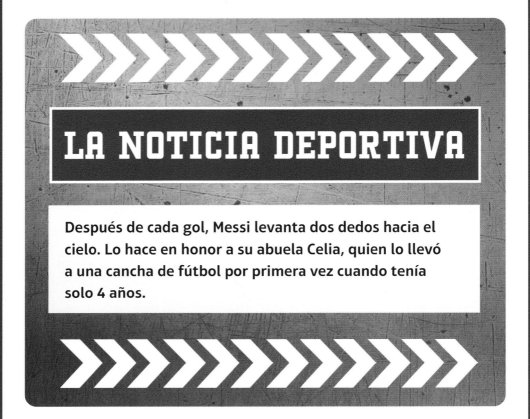

LA NOTICIA DEPORTIVA

Después de cada gol, Messi levanta dos dedos hacia el cielo. Lo hace en honor a su abuela Celia, quien lo llevó a una cancha de fútbol por primera vez cuando tenía solo 4 años.

Durante sus temporadas finales en España, siguió batiendo nuevos récords. Se convirtió en el mejor goleador de todos los tiempos de La Liga con 474 goles. Con Barcelona, obtuvo seis Balones de Oro como mejor jugador, más que cualquier otro jugador antes que él. Desde el 2021, sostuvo 80 títulos de récords mundiales Guinness. Muchos expertos creen que fue el mayor goleador en la historia del fútbol. Messi permaneció en el FC Barcelona hasta 2021, año en que firmó un nuevo contrato con el equipo francés Paris Saint-Germain. Ganó otro Balón de Oro ese año.

En su tiempo libre, ha aparecido en publicidades de Adidas, continúa administrando la Fundación Leo Messi y representa a UNICEF como embajador de buena voluntad. Messi tiene fama internacional y un lugar en los libros de historia. Pero lo que tiene más significado para él es el respeto de sus compañeros, entrenadores y otros jugadores. El exdirector técnico de Messi en Barcelona Pep Guardiola dijo: "No creo que puedan parar a Messi. . . . No creo que haya un sistema, entrenador o defensor en el mundo que pueda pararlo".

Messi jugando un partido en 2021

ESTADÍSTICAS DE LA CARRERA DE LIONEL MESSI

PARTICIPACIONES PROFESIONALES:

725

PARTIDOS EN LOS QUE FUE TITULAR:

655

GOLES PROFESIONALES:

631

PREMIOS BALÓN DE ORO:

7

ASISTENCIAS:

255

TÍTULOS DE LA LIGA:

10

Las estadísticas son fidedignas hasta noviembre de 2021.

GLOSARIO

cancha: un campo de juego de fútbol

hat trick: cuando un jugador hace tres goles en un partido

hormona: una sustancia que se genera en el cuerpo y ayuda al crecimiento

La Liga: la liga profesional más importante de España

lista: un listado de jugadores en un equipo

molestar: ser malo o insultar a alguien a propósito

práctica: juego de práctica

profesional: que participa en una actividad para ganar dinero

reclutador: una persona que califica las habilidades de los deportistas

NOTAS SOBRE LAS FUENTES

6 Tim Bontemps, "Messi Overtakes Pele with Hat-Trick as Argentina Beat Bolivia," Reuters, 9 de septiembre de 2021, https://www.reuters.com/lifestyle/sports/messi-hat-trick -gives-argentina-3-0-win-over-bolivia-2021-09-10/.

11 "Lionel Messi Interview (Part One)," *World Soccer*, 1 de enero de 2013, https://www.worldsoccer.com/features/lionel-messi -interview-part-one-338553.

18 Bobby Ghosh, "Interview: Lionel Messi on His Sport, Cristiano Ronaldo—and Argentina," *Time for Kids*, 26 de enero de 2012, http://content.time.com/time/world/article/0,8599,2105369,00 .html.

25 "Lionel Messi Vomits Because of Nerves, Says Argentina's Alejandro Sabella," *Guardian* (edición estadounidense), 10 de junio de 2014, https://www.theguardian.com/football/2014 /jun/10/lionel-messi-vomits-argentina-alejandro-sabella -world-cup.

27 Rik Sharma, "Unstoppable Lionel Messi Proves Pep Guardiola Right in Most Painful Way," Bleacher Report, 6 de mayo de 2015, https://bleacherreport.com/articles/2456234 -unstoppable-lionel-messi-proves-pep-guardiola-right-in -most-painful-way.

MÁS INFORMACIÓN

Fishman, Jon M. *Soccer's G.O.A.T.: Pele, Lionel Messi, and More.* Mineápolis: Lerner Publications, 2020.

Football Facts for Kids
https://kids.kiddle.co/Football

Jökulsson, Illugi. *Stars of World Soccer.* Nueva York: Abbeville, 2020.

Lionel Messi Stats
https://fbref.com/en/players/d70ce98e/Lionel-Messi

Nicks, Erin. *Lionel Messi.* Mineápolis: SportsZone, 2020.

Sitio web oficial de Leo Messi
https://messi.com/en

ÍNDICE

CRÉDITOS POR LAS FOTOGRAFÍAS